AF274080

CALCAR LOS MAPAS

ÆREA | *carménère*

Manuel Espinal

Calcar los mapas

861   Espinal, Manuel
E   Calcar los mapas / Manuel Espinal -- Riells
       i Viabrea : RIL editores-Ærea | Carménère,
       2025.

       68 pág. ; 23 cm.

       ISBN: 978-84-10248-38-0

       1 POESÍA ESPAÑOLA. 2 LITERATURA ESPAÑOLA.

Ærea | *carménère*

Serie fundada por Eleonora Finkelstein y Daniel Calabrese
Edición al cuidado de Paco Najarro

CALCAR LOS MAPAS
Primera edición: enero de 2025

© Carlos Ramírez Villar, 2025

© Ærea, 2025

Un sello de RIL® editores
SEDE SANTIAGO DE CHILE: Los Leones 2258 • CP 7511055 Providencia
☎ (56) 22 22 38 100 • ril@rileditores.com • www.rileditores.com

SEDE VALPARAÍSO • valparaiso@rileditores.com

SEDE ESPAÑA • europa@rileditores.com

Composición e impresión: RIL® editores
Diseño de colección: Marcelo Uribe Lamour
Imagen de portada: Pickled Stardust

Impreso en España • *Printed in Spain*

ISBN: 978-84-10248-38-0
Depósito Legal: GI 142-2025

Derechos reservados.

Sólo soy fiel al traicionar. Soy tú cuando soy yo.

PAUL CELAN

APLASTAR LA NARIZ CONTRA LA VIDA
como contra un cristal
como contra todo
como se estrella contra lo invisible
el pájaro en la ventana
como no llegar a tiempo choca contra el tiempo
como intento a veces
repasar los bordes de
por ejemplo tu imagen
en esta ventana
inundarte de claridad
dibujarte de memoria
como a un país
hasta que fluyan los ríos desde el lápiz
hasta que el papel se aprenda el mapa
hasta que hable
el contraluz
—geografía se hace sin pensar
con los dedos—
y te hablo a ti
sí a ti
la Vida
que eres mendiga
y muchacha
y todo lo demás

Exhalo
y nace y muere un bosque en el cristal

Quizá yo esté vivo

Advertencia Nº 1

(En este preciso oficio) prefiero
que las palabras no se conformen con el infinito
de quien las escribe
que las palabras no sean
la Vida con un traje de palabras
sino los signos que la desbordan
No las mensajeras
—ni siquiera el mensaje—
sino explosiones en un cielo sorprendido de sí mismo
No un papel de calcar sobre el corazón y los huevos
sino la críptica nota de suicidio del ego
No la *boutade* ni el guiño ni la confidencia
sino los trazos a fondo perdido en el vaho de la ventana
No el espejo
sino los cristales rotos
No la confesión
sino la pregunta
No la terapia
sino la reincidencia
No la claridad
sino la iluminación
No lo necesario
sino lo imposible
No la verdad
sino la verdad

Advertencia N.º 2

Ser yo es tu trabajo
de pronombres y mentiras
Ser tú
es mi forma de tutearme

AUTORRETRATO Nº 1

De esa manera
torpemente perfecta
con la que una niña acaricia su hámster
quisiera escribir yo
que fallo siempre
por no acertarme entre los ojos
que soy
torpemente
hermoso
que cuando soy de verdad
soy casi yo

AUTORRETRATO Nº 2

Cuando escribo
no soy un hombre que escribe
ni tampoco soy mis palabras
ni soy nada que sea algo
ni se alivian mis problemas
Cuando escribo
me vuelvo tan poderosamente
tan arrebatadoramente
incierto

que desaparezco

Autorretrato Nº 3

Durante un rato
arrancándole un jirón de eternidad
a lo fugaz
el lenguaje me borra
y me hace
como el viaje hace al héroe
y al adicto

Escribo
y cada palabra cae
—una piedra en el estanque—
fragmentando mi imagen

Si esto es ser
soy concéntrico

AUTORRETRATO Nº 4

Yo y yo
persiguiéndonos
entremezclados
pájaro y grito
tiro de piedra
de un dios borracho
dos ecos alcanzando al mismo tiempo
el muro artificial de mi nombre

Autorretrato Nº 5

Del biombo de las palabras
                          sobresale
—impronunciable—
mi sombra

Todo me desdice
—así reniegan las cosas
de quien no se reconoce en ellas—

Sólo me refleja
el azogue del lenguaje

AUTORRETRATO Nº 6

Entre mis máscaras también está
rugir con ninguna voz
en lo alto de la noche
Desasirme
de algún sueño inconcluso
Habitar esta intemperie
de cielos publicitarios
Dormir —o soñar que duermo—
en la desnudez de los tejados
bajo la voluble vigilancia
de las veletas

Autorretrato nº 7

Cada poco aprendo y olvido
que lo que veo en lo que miro
es a mí
      Y a ti
deshielo
o criatura de bares
te miro
con los ojos de no verme

AUTORRETRATONº 8

Has desaparecido
en un lugar del horizonte
IIas aparccido
en lugar de mí
Te miras
Me intercambias
como una palabra
en el texto
Tú eres yo
y aprenderlo te llevará
toda mi vida

Letanías de latón

HAS SIDO TANTOS HOMBRES POSIBLES
pero solo lo improbable de ti
volvía a casa de madrugada
Has sido la única pancarta
de una multitud solitaria
Has sido una soledad que leía sobre la soledad

Has sido la triste mirada que sonríe
al fondo de las fotos de grupo
El insomnio del soldadito de plomo
en la casa de los sueños de Barbie
La lentilla abandonada esperando a un cíclope
en el suelo del baño de un bar
Has sido el dedo que sigue la gota de lluvia en la ventana
descifrando el braille despiadado de lo inalcanzable
Sólo por ser
has sido
inundaciones de gris
en campos de fresas para siempre
Un desvío tapado por la vegetación
La época que tiene que conformarse con quien la escribe

Has sido algo que presencia
y algo que espera sin motivo
Has sido lo que el cuello de la camisa
es a la confidencia
Lo que el silencio nocturno
a la monomanía del grifo mal cerrado
Lo que las sábanas aún calientes
al fusilado de madrugada

Has sido
sin serlo
el sueño inquieto de libros y revistas
abandonados en salas de espera
la yerma dignidad de los parterres
en urbanizaciones fantasma
el vaso de agua sin tocar en la mesita

Y la noche es sequía

PORQUE TRASNOCHO EN TUS CUNETAS
Realidad
y me cuento bajo estrellas que no conoces
Porque acampo en tus descampados
y recorro tus márgenes
como una mano recorre un folleto publicitario
mientras piensa en libros o cosas antiguas
Porque soy infinito
y no me contienen multitudes
aunque toda mi independencia cabe en un abrazo
Porque nunca he entrado en tu casa
hasta la cocina
Porque mis escaleras sólo dan a tus desvanes
Porque no celebro tus cumpleaños
Porque soplo tus veletas
cuando el viento no está mirando
Porque levanto mis altares
con las sobras de tus días
                    Por eso
Porque no quiero despertar
me amanece la noche
Porque no llego a tiempo me acogen los siglos
Porque vengo sin anunciarme
busco el calor de los establos
Porque espero soy fuga
Porque aspiro rampa o pendiente
Porque miro hacia abajo pequeño vértigo
y ala entablillada
Porque inspiro doy de pensar al aire
Porque expiro y sigo aquí me olvido

de mi fecha de caducidad
Porque exhalo se me sale un poco de alma
y se ruboriza el cristal de la ventana
Porque oculto sombras
la luz no me pierde de vista
Porque apenas río no me llega para dar a la mar
Porque me destilo regalo todo lo que no soy
y me recojo de noche en frascos
Porque no me cierro del todo me derramo en las heridas
Porque desarmo tiendo la mano
Porque desato abrazo con más fuerza
Porque desnudo aparto la mirada
Porque me delato soy una tumba
Porque deshago la cama espero un cuento
Porque discurro se me secan los cauces
Porque concibo soy estéril
Porque amaso silencio soy pobre de ti
y rico de solemnidad
Porque no figuro soy olvido
Porque olvido no me canso del futuro
Porque no me desvivo me queda tiempo para morir
Porque no interrogo me he quedado sordo
Porque disiento pero comprendo soy mudo de corazón
Porque consiento
sin mirar la letra pequeña
no percibo el alquiler de mi indiferencia
Porque presiento me esquino en el pasado
Porque sé sin saberlo
nunca siento lo que sé
Porque hablo de lo inexistente con las palabras que existen
fracaso

UN DÍA
ser obediente
hacer lo que me dictas
Sinrazón:
despeinar las macetas
vaciar los botes de especias
esparcir mis cenizas en los guisos
y en el agua donde se friegan
los restos de la noche
Deshacer las camas al mediodía
Despertar
de no haber dormido

Un día
recorrer cojeando la ebriedad de mis no-cumpleaños
soplar las velas
abrir los ojos en lo oscuro
                    Que sueñe su sueño tranquila
la lucecita roja
de la tele apagada en la noche
que las ventanas admitan su aventura con el viento
que no haya más fuera ni dentro
más inventado o cierto
más incienso ardiendo
que la precariedad del aire
                    Que sea todo otra vez
mezclado
turbio
absolutamente claro
verdad, beso o atrevimiento

(ya todo vuelto en sí indistinguible
ya lo que fue todo recogiéndose en la hermosa resaca
de haber sido una cosa y no otra
hilo o laberinto
melocotón o sangre
sentido o nada)

Un día
abrir la carta para la que ese cajón solo existe
derramar todas las letras
Abandonar la casa
                    dentro de la casa

Un día
en lugar de ser viejo
ser verdaderamente
lo que los niños se imaginan que es ser viejo

Dar asilo
a esta o aquella luz que corre hacia el final de la calle
compartir la prisa de todo lo lento
por ser quietud otra vez
                    apartarse graciosamente
del camino de las cosas hacia lo inalcanzable
fingir que lo inanimado
nos estaba esperando
y todos los paisajes de nunca
otra vez mirar cómo hacen el amor
la luz y la geografía
al calcar los mapas en la ventana
Ir a buscar los juguetes abandonados
en la memoria de los contenedores
alejar el miedo
que el tiempo se tiene a sí mismo
hacerse una capa

con periódicos atrasados
vagar como un viento
que no encuentra banderas
                        venir a nacer
donde morir ya sea imposible

Un día
no hablar ya más para decir lo decible
acoger el susurro
de eso que imita mi voz
y tampoco es el silencio
prender esta mecha empapada de pena en el pecho
aquí donde me ruge la vida y no la oigo
        dejar de pautar
la respiración incolora del lenguaje
y todo lo que ha aprendido lo que yo no aprendí
A sobrevivir a su propio sonido.

Un día
acunar esta nana que me hila
en el rincón junto a la costumbre
que me lanza y me recoge
en latidos sobre la nada
ni despacio ni hielo
ni dormido ni púrpura
que me apuesta contra el resto de mi vida
en el tapete de mi sangre

Un día
empezar desde nunca
desconocerme hasta el abrazo
ser las alegres cenizas de alguien
                        que ardió en palabras
revolver los cajones de la dicha
amanecer todas las sílabas

como bebés intercambiados en sus cunas
ser el texto
que se borra con un beso
ser
la amnesia de mi voz

Un día
salir a nado de este arenero de arcángeles
manar como si no fuera desierto
soñar la palabra que baila con bosques y escobas
entre la cocina y el dormitorio
         reconocer al fin
entre todos mis rostros
el nombre que no huye de los labios

Ese día
me habrás inventado
y no diré que no

TENGO QUE DESCONTAR
de todas las veces que he nacido
las que venía de muertes más pequeñas
que no se encuentran en mapas ni manuales
muertes acaecidas a veces en contextos
de iluminación pobre
en cuartos de baño en los que la memoria
oscila temblorosa como una bombilla que falla
o en camas extrañas
en habitaciones donde ahora vive otra gente
que ni siquiera pone música para vivir
en estaciones de autobús
y otras antesalas de lo que se va
en el espejo líquido
de mis ojos de niño
Muertes que se apilan como huesos o castellers
pero aún no suficientes para morir
muertes que son todas una aunque nunca la misma
esa muerte que dejas pendiente
como el libro en la mesita de noche
esperándote en silencio
a que pase la temporada de vivir
la muerte que depositas al lado de la muerte
como el pago de una mensualidad
la muerte a la que engañas con palabrería y juegos de
    manos
fingiendo que aún estás vivo

LLEVAS TODA LA VIDA SIENDO UN TIPO
que solo crea en lo que no existe

Con el agravante de la ficción
has mentido y perjurado
como otros esquivan la ley o defraudan a Hacienda
                              Has blanqueado millones
de anocheceres
has cambiado las etiquetas de los botes de golosinas
has entrado ilegalmente en países de placer
con tu carnet de la biblioteca
Tantas veces
has incendiado las noches venideras
con una chispa de amanecer mal calculado
Has ensangrentado las perlas y has pisoteado
las flores de la canción.
Le has negado el saludo a ancianas impedidas
                                        y a la rutina

Has desflorado incunables
has escupido en los diccionarios
has deshojado periódicos enteros
y al final no te quiere

Tantas veces has desnudado santos
para vestir tu tristeza de payaso.

Has robado toallas de hoteles
de novelas rusas,
miradas

a los espejos
y rizos de cabelleras mitológicas.
Te has rodeado de tanta belleza
que no te atreves a respirar

Has olvidado
lo inolvidable

Uno por uno
has acuchillado los óleos
de salas enteras de tu vida
                              (No sabías que crear también es
hacer desaparecer el cuerpo
de lo que fue memoria)

Has destruido todas las pruebas
de haber existido alguna vez

Qué fue del tiempo
dímelo
el tiempo risueño
el tiempo fruta sin morder
el tiempo vencejo detenido en vuelo
el tiempo fotografía
El verde tiempo que nos fue inmortal
el cinabrio del bosque
el imposible turquesa de los mares
a donde regresa la juventud para ahogarse
el tiempo que siempre esperaría
el Tiempo fuera del tiempo
(y un día nos dio por mirar atrás
y todos los relojes se pusieron en marcha)

Qué fue del tiempo
dímelo
visto por última vez
huyendo hacia la memoria
con nuestras pertenencias
vértigo en la espalda
Tierra Baldía de nosotros
el tiempo páramo
el tiempo que sopla
deshojando el Reino de los Cuentos
el tiempo estudiándose a sí mismo
el tiempo que se cansa ya de emularse
el tiempo que ya solo se repite
liturgia
simulacro

una historia de playback
el tiempo producido en serie
el tiempo igual al tiempo
(el tiempo que no fuimos
menos el tiempo que se fue)
el tiempo interrogado
el tiempo sordomudo
el tiempo
viento que sopla y ya se va
apresurado e incomprensible
como un extranjero
El tiempo perdido y hallado en el tiempo
el tiempo que esperamos
a que llegara el tiempo
el pan que no comimos
para dejar miguitas en el camino
el tiempo animal muerto en la cuneta
el tiempo road movie
La Canción del Retrovisor y la Curva
melodías de la nada
el tiempo que subyace a los telediarios
el tiempo intervenido
el tiempo incautado
el tiempo
decíamos ayer

Qué fue del tiempo
dímelo
el tiempo museo
idolatrada herrumbre
bronce cagado por los pájaros
en los parques de la memoria
la lenta invención del pasado
el futuro acumulándose al otro lado de una puerta cerrada
Cálculo y deseo

plegaria
maquillaje
la negación y el milagro
la usura
las monedas contadas cada noche
el tiempo que devuelve la mirada
y se queda con el cambio
el despertar de animales imaginarios
el tiempo huyendo de su invierno
el tiempo temblor
en espejos de agua
y un día
el tiempo esperándose a sí mismo
el tiempo autobús de pasajeros que fingen dormir
la noche en medio de la noche
el fin del trayecto

LOS DEBERES SIN HACER

Ya no quedan muchos días para dormir.

Los campos magnéticos

CADA VIERNES TE JURABAS
que harías los deberes del fin de semana
en cuanto llegaras del cole
Te lo seguiste jurando en el instituto
y en la facultad
y en el curro
y un día
sin saber cómo
ha llegado el domingo por la noche

Y NADA
nada es lo que dice ser

Ante el espejo
desnudarse es vestirse
de miradas imaginarias
Hacer las maletas
es hablar solo
Un poema
es una lista de la compra

A ESTA HORA
se oscurece el semblante de los edificios
la ciudad se pone los tapones en los oídos
Nadie quiere saber nada

Muere agria en el suelo
la fruta de los árboles urbanos

Hay gente que ha muerto de lunes

¿TENGO ENTONCES QUE ABANDONAR LA IDEA
de abandonar la ciudad
dentro de la ciudad
          (lo cual incluye)
echarme los caminos a la espalda
fingir que este permanecer
se adentra en algún viaje
imaginar
que en las ruinas de mi oído resuena
el ángelus
o algún recordatorio
de un mediodía invisible
querer creer
que el mundo me esperó cuanto pudo en algún siglo
ser zahorí de inviernos
por el asfalto ardiente
ahuecar las manos y acunar
orbes de nieve
y otras bagatelas de la pureza
caminar entre las figuritas
de una fantasía de medievalistas
despoblar de relojes la noche
esperar a que la respiración dé la hora
patrullar los márgenes
entre exilio y sueño
             estirar esta interrogación
                    hasta que se rompa?

¿Has sido joven alguna vez
y luego
has extraviado la juventud
entre sábanas
donde ya no cabía ni un sueño más?
¿Alguna vez te quedaste a mirar cómo la colilla que
    arrojabas
se moría de frío contra la madrugada?
El tiempo era lo que caía del otro lado
y nadie miraba nunca atrás
Vomitar de vuelta a casa
solía borrar horas de pasado
Y ahora ¿dónde está el tiempo que te deben?
Lo dices en el espejo
Lo dices cada mañana al ir a trabajar y de vuelta a casa
lo dices cada noche
te arropas con certezas inútiles
en previsión del frío
Me dices
que donde nos ardieron los bosques
nunca lloverá más
Y ya ni siquiera regar el cielo de gasolina hace que salten
    las alarmas

TODO FUE MÁS O MENOS DE ESTA MANERA:
dijiste nada
y asentí

Caían las noches
como torres más altas han sabido
como si en el horizonte solo faltáramos nosotros

Caían las noches
como amanece en el Paraíso

Con industria de aprendices
desenterramos tesoros
palabras incrustadas
en las barras de los bares
(de ahí este rastro de letras como espuma)

Así pasan las cosas

Alguien soltó las riendas del cielo
y salimos a mojarnos
                    En un frenesí de parabrisas
los coches nos barrían del mundo
casi con cariño
—no hay refugio en las aceras
para las buenas intenciones—
                    y acabada la lluvia
(mordida la manzana
segada la mies
terminado el tapiz en Ítaca
etcétera)

se supo que nadie había ganado
ningún premio
(El mundo podrá ser declarado desierto)
Todo fue tan parecido a todo
el día se arrastró entre las horas secas
andrajoso como el plumaje de una paloma urbana
cansado de portar el Ser y las pulgas

                    Había nada que decir
la luz misma intentando ser palabra
el fin claramente el resultado
de articular el crepúsculo

Nadie nos vio irnos
—nuestros cuerpos seguían allí —

Ahora guardamos el gesto de una tarde
que abrió una puerta en el aire
y ya no podíamos respirar

Y AHORA
el bosque de las páginas no se ha vuelto inhóspito

solo insuficiente

AHORA QUE VIVO COMO SI TAL COSA
o quizá como una cosa
que ya no se resiste al viento
como una pegatina que alguien va despegando un poco
cada día
(y esa uña negra que me trabaja
algunos la llaman Dios)
Ahora que he dejado de llegar tarde
a donde ya no habrá fiesta
Ahora voy yo
y vengo
sin ya necesitar
que haya casa tras la fachada
deseo tras el abrazo
planes y proyectos como espejos
para dar profundidad a las habitaciones
como si ser yo
fuera descansadamente
un letrero monosílabo
como si se pudiera vivir así de lento
en el como si
como si de haber pensado tanto lo marchito
me naciera ya lo impensable
como flores sin fragancia
ni franquicia
como las calles
cuando parece que duermen
porque nadie las piropea
como ha venido a veces el invierno
cuando aún figurabas en los sueños

de una de tus últimas playas
como se han ido tantas cosas
pero solo aquellas
de las que me sabía el nombre secreto
como si se hubieran dragado todos los mares
y en el fondo estuvieran
como prisioneros que ya no esperan nada
todas las palabras que sobraron

HE AQUÍ EL RÍO
Todo lo que es posible
se ha escrito en él

y tú
queriendo no ser nada que impida algo
            te haces orilla

Hablan las cosas entre sí
Es un murmullo de invitados que se van

Y escribes:
He aquí el río
He aquí este abandono
que fluye como un texto
como vivir
He aquí este huir que se queda
y me sobrevive

He aquí el río
y tú
que morirás en la orilla
sin respuesta

Lo que fluye
nunca dice la última palabra

PERO PONGAMOS QUE
—por su propia mano—
escribir ha muerto

¿Dónde se remansará ahora
toda esta tinta?
             (¿Quién conoce de memoria
los afluentes de la nada?)
¿Cómo encontrará cada cosa su símbolo
entre las cajas de la mudanza?
¿Cómo encontraré yo nada
tan parecida a algo?
¿De dónde hasta qué debo recordar
lo que ya es solo memoria?
¿Qué se me escapa
                 a mí
                     que solo quiero huir?

Todo lo que no sabe
ser sólo realidad
se nos morirá de blanco

No sé cómo será un dolor tan solo
que ya no tiene otro que lo escriba
Cómo será ser
cada vez menos
                 ficción
Que se detenga sin palabras
el corazón de lo que urde
Que los sonidos abandonen los signos

en medio de la página
como la gente abandona su coche
en un atasco del fin del mundo

                    Para qué
subirse el cuello del abrigo ahora
si ya no sopla ese viento imaginario
por las avenidas del poema

Silencio
La nieve negra ya no

Y TÚ
has elegido lo irrespirable
escafandra y latido
el aire enrarecido
de una búsqueda que desaparece
En la mesita de noche
jadea una ficción
como un pulmón de acero
                    Luego amanece
y te yergues
Sísifo ante la pendiente
Te falta el aire
pero caminas
como si pudieras curar el asma de las cosas

HAS PASADO A VECES LA NOCHE
en la penumbra de armarios olvidados
donde el envés de los botones guardó
el secreto corazón de mujeres antiguas
En lugares donde corrió la sangre
sin manchar nunca el mantel
donde se calló con tanta fuerza
que los sonidos aún buscan
los oídos ya muertos
Has pasado a veces la noche
donde nunca pasó nada
y al despertar
no sabe ya la luz quién eres

Q<small>UERIENDO NO SER NADA QUE SE AGITE</small>
o roce con alambre de púas
acabo siendo
el relleno de los peluches
la paja de los discursos
el adiós escenificado
en el hueco de una mano
lo pequeñito palpitable
la telaraña en ruinas
después de un día de lluvia
el corazón carbonizado en el centro
de cada amapola

UN DÍA SE NUBLA EL ROSTRO
recordando una lluvia que aún no llega
o al menos no así
indolora
terrible
como nos corrigen las madres ya sin fuerza
como dejamos que los días nos convenzan
de que no hace falta llamar tan a menudo
como le arrancamos las alas
a las moscas de la misericordia

RECUERDAS HABER JUGADO CON FIGURITAS
haber colocado tus vigías
para que te avisaran por si alguna vez
llegaba el Tiempo
Recuerdas haber dejado que las reglas inventaran el juego
Recuerdas cuando amanecer no era lo mismo que lo
    mismo
Recuerdas haber enviado a tus soldados hace mucho
a las fuentes de algo
y ya siempre
no han vuelto

ESTAR SOLO ES MUCHO MÁS
y algo menos
que ser solo
Es estar de más con uno mismo
y abrazarse ya sin ganas
con los ojos hechos a lo oscuro
Recomponer cada día
ese mapa de añicos
que aparece entero en el espejo

Estar solo se confiesa a las paredes
y el eco vuelve sin traer nada a cambio
Estar solo recorre habitaciones sin rumbo
Estar solo es tantas ciudades

Así que vas plantando deseo
como un desafío al horizonte

y morir se impacienta

Desnudas cosas
que se hacen flores tan despacio

y morir se impacienta

Los minutos te miran animales escondidos
mientras juegas con el Tiempo
                    —sólo se juega
con lo que no nos pertenece—

y morir
claro
se impacienta

                    Está bien
Haces las maletas
te lo llevas todo
los estanques los parques los besos las sombrillas
Todos los edificios que has visto nunca
todo lo que confiere sombra
o resta longitud al hastío
—incluso la Vida
pegada en tu espalda como un papel de broma—
se va con uno
y quizá las formas no quieren ya sus objetos

y las razones flotan como pompas de nadie
y las cosas que pasaron dentro de las habitaciones
se abrazan en la oscuridad
de tu maleta con ruedas

Miras hacia delante
No se ve dónde acaba el sendero

Quizá el Final de todo sea un perfume
como el que hacía estallar el pasado en las novelas
—pero no esta vez—
Ya no se oye el traqueteo de las rueditas
No cantan los pájaros
Te has detenido al borde de algo

Cómo juega el viento con tu capa
imaginaria

Es aquí
Aquí es donde se vuelcan los colores

TE PASASTE EL MEDIODÍA Y LA TARDE
dibujando descampados
planeando incursiones
que empujarían el gris
más allá del horizonte

Todo giraba

Las sombras se alargaron
empezó a hacer frío
y noviembre te esperó un buen rato antes de irse a casa

Ahora volver no tiene dueño

Toda ventana tuvo su trozo de cielo
Ahora noches y demoliciones esperan

Noviembre te esperó cuanto pudo

YA OIGO LAS TERMITAS DEL FUTURO
y aún no sé el árbol
de mi madera
¿Cómo será la Nada cuando llegue?
¿Cuánto de ya imposible
se precipita tras cada horizonte?
Patrullo los márgenes
como un cielo que no se atreve a anochecer

Algo devorará estas manos
que añaden a una pila invisible
este sonido
como de viento enjaulado
este no haber sabido nunca
si el Tiempo es el agua que nos queda
o la forma de la vasija

ÍNDICE

Este libro se terminó de imprimir
en enero de 2025

RIL® editores • España

europa@rileditores.com

Se utilizó tecnología de última generación que reduce
el impacto medioambiental, pues ocupa estrictamente el
papel necesario para su producción, y se aplicaron altos
estándares para la gestión y reciclaje de desechos en
toda la cadena de producción.